TOR ZUR FANTASIE

MAGISCHE MANDALAS ZUM AUSMALEN

Impressum:

Bibliografische Information der Deutschen Nationalbibliothek. Die Deutsche Nationalbibliothek verzeichnet diese Publikation in der Deutschen Nationalbibliografie; detaillierte bibliografische Daten sind im Internet über http://dnb.d-nb.de abrufbar.

Veröffentlicht bei Infinity Gaze Studios AB

2. Auflage

März 2024

Alle Rechte vorbehalten

Copyright © 2024 Infinity Gaze Studios

Texte: © Copyright by Vianne Valtair

Cover & Buchsatz: Valmontbooks

Das Werk ist urheberrechtlich geschützt. Jede Verwertung außerhalb des Urheberrechtsgesetzes ist ohne Zustimmung von Infinity Gaze Studios AB unzulässig und wird strafrechtlich verfolgt.

Infinity Gaze Studios AB

Södra Vägen 37

829 60 Gnarp

Schweden

www.infinitygaze.com

TOR ZUR FANTASIE

MAGISCHE MANDALAS ZUM AUSMALEN

VIANNE VALTAIR